RECHERCHES STATISTIQUES

SUR LA

JURIDICTION CANTONALE

dans l'Arrondissement de

MONTBRISON

(Loire)

MONTBRISON
IMPRIMERIE TYPOGRAPHIQUE E. BRASSART.

—

1891

RECHERCHES STATISTIQUES

SUR LA

JURIDICTION CANTONALE

dans l'Arrondissement de

MONTBRISON

(Loire)

MONTBRISON

IMPRIMERIE TYPOGRAPHIQUE E. BRASSART.

1891

AU LECTEUR,

En commençant cette statistique nous nous étions simplement proposé de rechercher quelle était la situation de notre justice de paix vis à vis des justices de paix des autres cantons de l'arrondissement, au point de vue du nombre d'affaires, des arrangements amiables, des jugements, des appels, etc; afin de nous assurer que le canton de Montbrison ne s'éloignait pas trop de la moyenne et qu'on pouvait dire de lui : in medio stat virtus.

Mais, ce travail terminé, il nous a paru qu'au moment où se discutait devant nos assemblées législatives la question de l'extension de la compétence des magistrats cantonaux, il y avait peut-être un intérêt d'actualité à faire connaître les résultats de nos recherches, c'est pourquoi nous les avons publiés.

Puisse ce travail bien modeste intéresser non seulement nos dévoués Collègues de l'arrondissement, mais le Tribunal de Montbrison tout entier et, en particulier, son sympathique et digne Président.

CROZIER,

Juge de paix du canton de Montbrison.

15 mars 1891.

SOMMAIRE :

RECHERCHES STATISTIQUES

SUR LA

JURIDICTION CANTONALE

dans l'Arrondissement de

MONTBRISON

(Loire)

❦

I.

AFFAIRES APPELÉES SUR AVERTISSEMENT.

Le nombre des affaires appelées sur simple avertissement, devant les juges cantonaux de l'arrondissement de Montbrison, s'est élevé, en 1890, au chiffre total de 4.232 qui correspond assez approximativement à la moyenne de chaque année. Par exception, le chiffre en a été un peu plus élevé en 1889, ainsi que nous le verrons plus loin.

Ces 4.232 affaires se sont réparties, de la manière suivante, entre les neuf cantons qui composent l'arrondissement, en regard desquels nous indiquons le chiffre de population, savoir :

Boën-sur-Lignon...	696 affaires	16.435	habitants
Saint-Georges......	692 id.	8.377	id.
Montbrison	592 id.	20.837	id.
Saint-Rambert.....	467 id.	17.801	id.
Saint-Jean-Soley...	412 id.	10.213	id.
Saint-Bonnet.......	390 id.	15.279	id.
Feurs.............	379 id.	21.490	id.
Noirétable.........	313 id.	8.414	id.
Saint-Galmier......	291 id.	24.425	id.
Total	4.232 id.	143.271	id.

Si nous comparons ces deux totaux, nous obtenons, pour l'ensemble de l'arrondissement, une moyenne de 30 affaires pour mille habitants.

Mais il s'en faut que chaque canton reste dans cette moyenne, car, si nous faisons pour chacun d'eux la même proportion, nous arrivons aux résultats suivants :

Canton de St-Georges.	82 affaires pour 1000 habitants			
id.	Boën	41	id.	id.
id.	St-Jean	40	id.	ld.
id.	Noirétable.	37	id.	id.
id.	Montbrison	28	id.	id.
id.	St-Bonnet .	24	id.	id.
id.	St-Rambert	26	id.	id.
id.	Feurs	18	id.	id.
id.	St-Galmier.	12	id.	id.

Les cantons qui s'éloignent le moins de la moyenne sont : ceux de Montbrison, St-Bonnet et St-Rambert qui restent un peu au-dessous ; et ceux de Boën, St-Jean et Noirétable qui s'élèvent au-dessus.

Les cantons qui s'en écartent le plus sont, d'une part, celui de St-Georges qui atteint le maximum de 82 par mille et, d'autre part, celui de Feurs qui descend au *minimum* de 18 par mille et celui de St-Galmier qui arrive au *minimum minimorum* de 12 par mille, soit le septième du canton de Saint-Georges.

Comment expliquer ces écarts extraordinaires entre les divers cantons? Seraient-ils la confirmation de ce dit-on répété partout que les montagnards sont plus processifs que les gens de la plaine? Et cela proviendrait-il de ce qu'ils seraient moins éclairés ou d'humeur moins pacifique?

Ce qui est manifeste, c'est que les cantons populeux ne sont pas toujours ceux où les magistrats cantonaux sont le plus occupés, puisque le canton de St-Galmier avec ses 24.425 habitants ne compte devant le juge de paix que 291 affaires, alors que le canton de St-Georges en donne 692 pour 8.377 habitants.

Ce qui ressort encore, il faut bien l'avouer, c'est que ce sont les cantons montagneux qui plaident le plus.

Cela tient, croyons-nous, moins au caractère des habitants qu'à certaines conditions territoriales ou circonstances particulières inhérentes à l'état et à la nature de la propriété, parmi lesquelles nous citerons :

1° Le morcellement excessif, l'état d'enclave, le mauvais état des chemins et toutes les servitudes qui en résultent;

2° La configuration irrégulière des parcelles, leur isolement, l'éloignement des propriétaires et la nature pentueuse des terrains qui favorisent et rendent plus fréquents les déplacements de bornes et les usurpations ;

3° Et enfin les servitudes de prises d'eau, sujets

incessants de contestations, le plus souvent suivies de disputes entre voisins, d'échange de propos injurieux, plus ou moins offensants ou diffamatoires, dont on vient demander réparation devant le juge de paix.

Toutes ces circonstances se retrouvant plus spécialement dans les pays de côteau ou de montagne, on comprend que les montagnards soient plus souvent amenés devant les magistrats cantonaux dans la compétence desquels rentrent toutes ces espèces de difficultés ; mais il ne serait pas, pour cela, exact de dire qu'ils sont, par tempérament, plus processifs ou moins conciliants que les gens de la plaine, le contraire devant ressortir du paragraphe suivant.

II

AFFAIRES TERMINÉES SUR AVERTISSEMENT.

Le nombre des affaires terminées sans frais, sur simple avertissement, s'élève à 3.349 qui se répartissent dans l'ordre et les proportions qui suivent, entre les neuf cantons de l'arrondissement :

CANTONS	Nombre d'affaires terminées sur simple avertissement	Proportion avec le nombre d'avertissements
Boën...................	629	90 0/0
Saint-Georges...........	580	84 —
Montbrison	416	74 —
Saint-Jean..............	371	90 —
Feurs	324	86 —
Saint-Rambert	315	67 —
Saint-Bonnet...........	264	67 —
Noirétable.............	245	80 —
Saint-Galmier..........	205	70 —
Total............	3.349	

Si l'on établit une proportion entre le nombre des affaires terminées, sans frais et sur simple avertissement, 3349, et le nombre des affaires inscrites, 4.232, on trouve une moyenne de 78 0/0 d'affaires terminées amiablement.

Les cantons qui se rapprochent le plus de cette moyenne sont ceux de Montbrison, Noirétable et St-Georges; ceux qui s'en éloignent le plus sont les cantons de St-Rambert et de St-Bonnet qui n'obtiennent que 67 0/0, tandis que les cantons de Boën et St-Jean atteignent la moyenne de 90 0/0 d'affaires réglées sur simple avertissement.

Comme on le voit, la proportion des conciliations ou arrangements amiables dans les cantons de montagne n'est en rien inférieure à celle que donnent les cantons de plaine. N'accusons donc plus les montagnards d'être processifs !

Il convient de dire que sur les 3.349 affaires terminées sur simple avertissement, 1.557 ont été réglées, séance tenante, devant le juge de paix et 1.792 ont été réglées, hors séance, ou abandonnées à la suite d'explications échangées entre les intéressés ou sur les conseils du juge de paix.

III

AFFAIRES SUIVIES DE CITATION

Les affaires non réglées sur avertissement ont donné lieu à 883 citations, chiffre correspondant à la différence qui existe entre le nombre d'affaires terminées et celui des avertissements.

Ces 883 citations se répartissent et se proportionnent ainsi qu'il suit entre les divers cantons de l'arrondissement.

CANTONS	Nombre de citations	Proportion avec le nombre des avertissements
Montbrison	176	30 0/0
Saint-Rambert	152	32 —
Saint-Bonnet-le-Château..	127	33 —
Saint-Georges	111	16 —
Saint-Galmier	86	20 —
Noirétable	68	21 —
Boën	66	16 —
Feurs	55	14 —
Saint Jean	42	10 —
Total....	883	

Si l'on divise le total des citations 883 par celui des avertissements 4232, on obtient pour tout l'arrondissement une moyenne de 21 0/0 d'affaires suivies de citation, correspondant exactement au nombre des affaires non réglées sur avertissement.

Deux cantons seulement, Noirétable et St-Galmier, restent à peu près dans les limites de cette moyenne; tous les autres s'en éloignent plus ou moins, au-dessus ou au-dessous, avec les deux écarts extrêmes de 10 et de 33 0/0.

Sur les 883 affaires suivies de citation, 451 ont été réglées amiablement à l'audience, sans autres frais que ceux de l'exploit introductif d'instance..   451

En ajoutant à ce nombre, celui des affaires terminées sur avertissement........ 3.349

On obtient un total de 3.800 affaires terminées sans jugement...................... 3.800

Lequel proportionné au nombre d'affaires appelées sur avertissement, soit............ 4.232

Donne une moyenne de................... 90 0/0

Ce chiffre est éloquent et témoigne du rôle essentiellement conciliateur du juge de paix qui, neuf fois sur dix, règle amiablement les différends soumis à sa juridiction.

IV

AFFAIRES SUIVIES DE JUGEMENT.

Le nombre des jugements rendus par les juges cantonaux de l'arrondissement de Montbrison se réduit à 399, c'est à dire, à moins du dixième des avertissements.

Ces 399 jugements se répartissent entre les neufs cantons de la manière suivante :

Canton de Saint-Rambert............	75
— Saint-Bonnet.............	69
— Montbrison	66
— Boën	43
— Feurs	34
— Saint-Georges...........	33
— Noirétable..............	28
— Saint-Galmier	27
— Saint-Jean..............	24
Total égal........	399

C'est donc 399 affaires seulement que les juges de paix ne sont pas arrivés à faire terminer amiablement sur les 4.232 soumises à leur juridiction.

Sans compter que ce chiffre eût été encore notablement réduit, si les parties en cause s'y étaient prêtées davantage, car dans le nombre de 399 figurent 155 jugements par défaut, autrement dit 155 affaires où le défendeur s'est obstiné à ne pas se trouver en face de son contradicteur, soit parce qu'il avait le parti pris de ne pas lui donner satisfaction, soit parce qu'il ne redoutait pas ses poursuites, soit encore parce qu'il n'avait rien à opposer à sa demande.

Dans le canton de Montbrison, on remarque particulièrement une grande proportion de jugements par défaut, 40 sur 66 en 1890. Ce qui réduit à 26 le nombre de jugements contradictoires.

Si nous en recherchons la cause, nous croyons la voir dans une clause spéciale qui se retrouve dans toutes les polices d'assurance contre l'incendie aux termes de laquelle les poursuites en paiement de primes doivent être portées devant le juge de paix du domicile de l'agent général de la compagnie; la plupart de ces agents habitant le chef-lieu d'arrondissement, c'est devant le juge de paix de ce chef-lieu que sont appelées ces sortes d'affaires assez nombreuses.

Il en résulte que les assurés sont quelquefois si éloignés de leur domicile de juridiction qu'ils préfèrent supporter les frais d'un jugement par défaut plutôt que de se déranger pour venir au chef-lieu d'arrondissement défendre des intérêts ordinairement de très minime importance.

On comprend que, dans ces cas, l'action conciliatrice du juge de paix ne puisse se produire.

Il est permis de se demander quel intérêt peuvent avoir les compagnies à maintenir, dans leurs polices, une clause aussi onéreuse pour les assurés, lorsqu'elles ont dans les chef-lieux de canton des agents pour les représenter.

Si du total des jugements rendus, soit...... 399

On retranche le nombre de jugements par défaut... 155

Le nombre des affaires que le juge de paix n'est pas arrivé à faire régler amiablement lorsque les parties intéressées ont comparu devant lui, n'est plus que de............................... 244

Rapprochant ce nombre de celui des 4.232 affaires dont il a été saisi, nous trouvons que le nombre des jugements contradictoires rendus par le juge de paix se réduit à 57 par mille affaires, c'est à dire à un peu plus de 5 0/0.

Sur les 399 jugements rendus, 186 étaient susceptibles d'appel, dont 59 sur actions possessoires en complainte, réintégrande, dénonciation de nouvel œuvre ; litiges qui comportent les questions les plus délicates à résoudre, souvent si difficiles qu'on peut dire qu'un juge de paix capable de bien juger une action possessoire a l'esprit juridique assez développé pour juger sainement et juridiquement la plupart des actions personnelles.

V

AFFAIRES RESTANT A JUGER.

Sur les 883 affaires introduites par citation, il en est resté 33 qui n'ont pas reçu de solution dans le courant de l'année, soit un peu plus de 3 0/0.

Si nous divisons ce chiffre annuel de 883 par le nombre de mois, nous trouvons une moyenne de 67 affaires par mois, dont la moitié pour 15 jours est de 33 affaires ci 33

Les 33 affaires restant à juger à la fin de l'année représentaient donc exactement le nombre de celles qui avaient pu être introduites durant la dernière quinzaine ; ce qui démontre que la plupart des affaires appelées sur citation sont jugées dans la huitaine ou dans la quinzaine, au plus tard, à de rares exceptions près qui s'expliquent par cette circonstance qu'un certain nombre de causes, notamment les actions possessoires, exigent des moyens d'information, expertise, enquête, visite de lieux ou autres, qui forcément en retardent la solution, quel-

que soit le zèle ou l'activité des magistrats chargés
de statuer.

Cette expédition rapide des affaires est un des
avantages les plus appréciés de la juridiction cantonale parce que le plus mince procès devient de
suite, pour la plupart des justiciables, un sujet de
soucis et de préoccupations qui les absorbe, imbus
qu'ils sont de cette idée que les frais s'élèveront
d'autant plus que l'instance durera davantage.

C'est parce que la procédure devant la justice
cantonale est simple et expéditive que cette juridiction restera toujours populaire.

VI

JUGEMENTS SUIVIS D'APPEL.

Sur les 186 jugements rendus en premier ressort
par les juges cantonaux, il a été interjeté 15 appels,
soit 8 0/0 des affaires qui en étaient susceptibles.

Comme il n'a pas encore été statué sur ces appels
nous ignorons le sort qui leur est réservé. Mais la
statistique de l'année précédente pourra nous servir
de point de comparaison, la moyenne et le sort des
appels ne variant guère d'une année à l'autre. Nous
n'avons donc qu'à nous reporter au paragraphe IX,
ci-après, où nous verrons que le nombre des jugements réformés est seulement de 2 0/0 des causes
susceptibles d'appel.

VII

PRÉLIMINAIRES DE CONCILIATION.

Les juges de paix ont encore eu à s'occuper de
163 affaires de la compétence du tribunal civil,

mais soumises, devant eux, aux préliminaires de conciliation. Ces 163 affaires n'ont donné lieu qu'à 44 conciliations ; ce qui représente, à peu près, le quart de celles appelées; chiffre minime, si on le compare à la grande proportion d'affaires arrangées par le juge de paix, lorsqu'elles rentrent dans les limites de sa compétence. D'où l'on peut conclure que les efforts du juge en conciliation ne sont efficaces que lorsqu'il est compétent pour juger.

Aussi, ne verrions-nous aucun inconvénient, au moment où il est question d'attribuer aux juges cantonaux un certain nombre de nouvelles affaires, par l'extension de leur compétence, à les décharger complètement de toutes les affaires en conciliation dont ils ne seraient pas appelés à connaître comme juges ; lesquelles seraient portées directement devant le tribunal compétent ou devant le Président qui aurait toute autorité pour amener les parties à se concilier.

Ce qui n'empêcherait pas le juge cantonal d'exercer, comme par le passé, cette action conciliatrice officieuse qui précède toutes les autres.

On sait, en effet, que le juge de paix qui vit en contact direct avec ses justiciables est, à chaque instant, consulté par eux, même sur des affaires qui souvent ne rentrent en rien dans sa compétence. Bien qu'en ce cas son rôle soit purement gracieux et même simplement officieux, l'appel fait à son expérience et à son esprit de conciliation ne reste pas sans résultat. Ses conseils étant absolument désintéressés, on a confiance en lui ; on l'écoute, d'autant mieux, qu'il apporte, dans ces circonstances, la plus grande réserve et n'arrive à exprimer son avis que lorsqu'il est sûr que l'affaire dont on l'entretient n'a point encore été judiciairement engagée, et que la passion et l'amour propre n'ayant point été mis en jeu par un commencement quelconque de poursuites, il y a chance d'arrangement amiable entre les parties. Que de procès ont été ainsi étouffés à leur origine, qui auraient jeté la brouille entre voisins, la désunion dans les familles. Si le nombre ne peut en être exprimé par des chiffres, le fait n'en est pas moins certain et vient augmenter l'importance des services rendus par cette sage et utile institution, justement dénommée : justice de paix.

VIII

AFFAIRES EXTRAJUDICIAIRES.

Pendant cette même année 1890, les juges de paix de l'arrondissement de Montbrison ont présidé
268 conseils de famille...................... 268
dressé 10 actes de notoriété.................. 10
   «   26 actes d'émancipation............. 26
   «   44 appositions de scellés........... 44
                                 —
Ce qui donne un total de 348 affaires extra-
   judiciaires............................ 348

Lesquelles divisées entre les 9 cantons..... 9

Donnent une moyenne par canton de........ 39

IX

AFFAIRES DE SIMPLE POLICE.

Les juges cantonaux ont encore été saisis d'un certain nombre d'affaires de simple police qui ont donné lieu à 365 jugements, se répartissant ainsi qu'il suit entre les neuf cantons de l'arrondissement :

Canton de St-Galmier...............		102
—	Montbrison	46
—	St-Rambert	43
—	Feurs	37
—	St-Bonnet	35
—	Noirétable.............	34
—	Boén..................	31
—	St-Jean	20
—	St-Georges.............	17
	Total	365

Remarquons, en passant, que le canton de St-Georges qui, au civil, fournit le plus grand nombre d'affaires, vient au dernier rang, en matière de simple police ; ce qui corrobore l'opinion que nous avons émise, sous le paragraphe premier, que, dans les pays de montagne, les gens sont d'humeur tout aussi pacifique que dans les pays de plaine et que, s'ils plaident un peu plus, cela tient uniquement à des circonstances territoriales exceptionnelles et non à leur tempérament.

Si l'on compare le nombre des jugements de simple police au chiffre de la population, on trouve pour les divers cantons les proportions suivantes.

Saint-Galmier.	42 jugements par 10.000 habitants.		
Noirétable....	40	id.	id.
Saint-Rambert	24	id.	id.
Saint-Bonnet..	23	id.	id.
Montbrison...	22	id.	id.
Saint-Jean....	20	id.	id.
Saint-Georges.	20	id.	id.
Boën.........	19	id.	id.
Feurs........	17	id.	id.

En appliquant le même calcul à tout l'arrondissement, c'est à dire en divisant le nombre total des jugements, 365, par le chiffre total de la population, 143.271, on obtient une proportion de 25 jugements par dix mille habitants.

Chose singulière ! Les deux cantons qui dépassent le plus cette moyenne et arrivent à peu près de pair, devant le tribunal de simple police, sont ceux de St-Galmier et Noirétable ; lesquels, cependant, sous le triple rapport topographique, économique et social, se meuvent dans les conditions les plus opposées. Ainsi, pendant que le canton de St-Galmier compte des usines importantes, des centres populeux, un grand nombre d'ouvriers ; qu'il arrive, d'un côté, presque aux portes de St-Etienne, qu'il s'étend, de l'autre, aux bords de la Loire, dans cette partie de la plaine couverte de châteaux et de villas ; celui de Noirétable, au contraire, ne possède ni industrie, ni usine, ni centre ouvrier, ni habitations somptueuses, ni villas ; ne connaissant guère que ce qui se rapporte à l'agriculture, sa population tout entière, confinée dans un pays de montagne couvert de bois et de pâturages, y conserve, avec les traditions du passé, les goûts simples d'autrefois et des mœurs presque pastorales.

Comment se fait-il que ces deux cantons, si dissemblables sous tant d'aspects, se retrouvent côte à côte dans l'ordre des contraventions de simple police, alors que le canton de Feurs, qui est limitrophe du canton de St-Galmier et plein d'analogie avec lui, est précisément celui qui, sur le banc de la simple police, s'en éloigne le plus !

Il ne saurait y avoir aucune conséquence à tirer de ces résultats étranges, si ce n'est que l'action de la police se fait peut-être moins sentir ici qu'ailleurs, ce que nous n'oserions soutenir. N'ayant pas suivi la statistique des années précédentes, en ce qui

concerne les affaires de simple police, nous ne pour-
rions, en effet, affirmer que les résultats de l'année
1890 ne constituent pas une exception.

Pour en finir avec la simple police nous allons
indiquer, suivant leur nature, le nombre des
différentes contraventions qui ont motivé les 365
jugements sus-mentionnés.

Police de roulage......................	155
Voies de fait et violences légères.......	37
Police des auberges, cafés, cabarets et lieux publics........................	30
Ivresse manifeste	30
Bruits ou tapages, injurieux ou nocturnes	23
Contraventions rurales.................	16
Maraudage de récoltes.................	8
Injures simples	5
Propreté et salubrité publiques........	1
Poids et mesures	1
Mauvais traitements envers les animaux.	1
Affaires diverses......................	55
Total égal au nombre des jugements...	365

X

STATISTIQUE DE 1889 COMPARÉE EN 1890

Comme terme de comparaison, nous donnerons,
pour terminer, la statistique judiciaire cantonale
de l'arrondissement de Montbrison relative à l'année
1889, que nous avons citée comme exceptionnelle.

Le nombre des affaires appelées devant les juges de
paix des 9 cantons s'est élevé à 4730, ce qui fait
498 de plus que pendant 1890, soit un dixième environ. C'est le plus grand écart qui se soit produit
pendant les cinq dernières années. Quant à la

proportion existant entre le nombre des affaires
d'une part, et d'autre part le nombre des arrangements, des citations, des jugements et des appels,
elle reste sensiblement la même, ainsi qu'on peut
s'en rendre compte par les chiffres suivants :

Sur les 4730 affaires introduites
en 1889... 4.730

Ont été réglées, séance tenante,
dans le cabinet du juge de paix. 1.344

Ont été terminées, hors séance. 1.329

Ont été abandonnées, sur les
conseils du juge de paix ou à la
suite d'explications échangées entre les ayant causes.............. 1.083

Ce qui donne un total de 3756
affaires terminées, sans frais, sur
avertissement.................. ... 3.756 = 3.756

Reste 974 affaires qui ont été
suivies de citation.............. . 974

438 ayant été réglées, amiablement, à l'audience et sans jugement........................ 438

Le nombre des affaires à juger
s'est trouvé réduit à.............. 536

Lesquelles ont donné lieu à :

Jugements contradictoires 290

Jugements par défaut.......... 182

Ensemble 472 jugements........ 472

Sont restées à juger 64 affaires. 64

Total égal.............. .... 536 = 536

Si l'on compare le nombre des jugements contradictoires à celui des affaires, on obtient la propor-

tion de 61 jugements pour mille affaires ; ce qui
diffère très peu de la proportion de 57 par mille,
obtenue pour l'année 1890.

Sur les 472 jugements rendus en 1889, il y en a
eu 223 en premier ressort   223

Qui ont donné lieu à 23 appels
devant le tribunal de première
instance de Montbrison, ce qui représente le dixième des jugements   ——
qui en étaient susceptibles, ci   23

Comme il restait 16 appels à juger
de l'année précédente............   16

Le tribunal de première instance
se trouvait donc saisi, pour l'année   ——
1889, de 39 appels   39

Treize n'ayant pu être jugés dans
le courant de l'année ont été remis
à l'année suivante................   13
                                              ——
Restait 26 appels qui réprésentent
à peu près la moyenne de chaque
année...........................   26

Sur lesquels il a été statué de la
manière suivante :

21 jugements frappés d'appel ont
été purement et simplement main-
tenus et confirmés   21

5 seulement ont été, en tout ou
en partie, réformés   5
                                        ——   ——
Nombre égal................   26 = 26

En rapprochant le chiffre des jugements infirmés,
5, de celui des jugements rendus en premier ressort
et susceptibles d'appel, 223, on trouve que la proportion des jugements infirmés se réduit au chiffre
minime de 2 0/0.   2 0/0

XI.

RÉSUMÉ ET CONCLUSION.

En résumé, sur 4.730 affaires civiles portées, en 1889, devant les juges cantonaux de l'arrondissement de Montbrison, 4.294 affaires ont été terminées amiablement sur avertissement ou sur citation ; ce qui donne une proportion de 89 0/0.

En 1890 cette proportion a été de 90 0/0 ; différence insensible, comme on le voit.

Sur ces 4.730 affaires, il a été rendu 472 jugements dont 223 en premier ressort qui ont donné lieu à 26 appels, soit environ 11 0/0.

En 1890 cette proportion n'a été que de 8 0/0.

Sur les 26 appels interjetés, 21 jugements ont été purement et simplement confirmés, soit 80 0/0 des jugements frappés d'appel ; et 5 seulement ont été infirmés, soit 20 0/0.

Les résultats pour toute la France étant de 63 0/0 de jugements confirmés et de 37 0/0 de jugements infirmés, la moyenne des jugements confirmés en appel, devant le tribunal de Montbrison, est donc de 17 0/0 supérieure à la moyenne générale de la France.

Nous n'insisterons pas sur ces chiffres, voulant laisser à ceux qui prendront la peine de lire cette statistique ou simplement le résumé qui précède, le soin de tirer la conclusion qui leur conviendra.

Quant à nous, les résultats que nous venons de relever ne peuvent que nous confirmer dans l'admiration que nous avons toujours eue pour l'œuvre réformatrice de l'assemblée constituante. L'institution des justices de paix dont elle dota la France, témoigne de son esprit de sagesse et de ses généreuses et patriotiques aspirations.

Le décret du 24 août 1790 qui plaça notre organisation judiciaire sur ses principes actuels est déjà loin de nous ! Mais n'oublions pas qu'il s'agissait de faire table rase d'un passé plein d'abus, et que, pour y arriver, les législateurs d'alors durent montrer d'autant plus d'énergie que la réforme qu'ils se proposaient entraînait avec elle : l'abolition de tous les tribunaux d'exception et des juridictions rivales créées par la féodalité ; la séparation absolue des pouvoirs judiciaires et de la puissance administrative ou législative, jusque-là à peu près confondus ; et enfin l'abolition de maints privilèges auxquels d'autres n'auraient peut-être pas osé toucher.

Et c'est pour compléter toutes ces réformes qu'ils placèrent, au seuil même de l'édifice judiciaire, ce pouvoir conciliateur et paternel des juges de paix dont la compétence successivement agrandie est sur le point de l'être encore.